초록스케치

강미애 / 권한솔 글·사진

몽트

초록스케치

2013년 9월 1일 초판 발행

글/사진·강미애, 권한솔
발행인·김미희
발행처·몽트

출판등록· 제300-1991-1호

경기 수원시 당수동 234번지 12. 102
전화·031-501-2322 / 팩스·031-501-2031
이메일·memento33@hanmail.net

값10,000원
ISBN 978-89-6989-003-0 03810

초록스케치

엄마의 말

엄마가 되면서 스스로 다짐한 것이 있다. 훌륭한 엄마보다 친구 같은 좋은 엄마가 되자고. 일과 육아를 병행하며 나름대로 규칙도 세웠다. 아침밥은 꼭 먹이자. 저녁에는 반드시 하루를 정리하는 대화를 나누자. 유치원 무렵부터 아이들이 집에 돌아오면 사소한 일까지 물었다. 그러면 아이들은 자기들의 하루를 그림 그리듯이 신나게 말해주었고, 나는 정말 재미있게 고개를 끄덕이며 들어주었다. 중학교 때는 물론이고 고등학교 때도 하루를 정리하며 이야기를 나누는 시간은 거른 적이 없다. 그 덕분인지 스무 살이 훌쩍 넘었는데도 두 아들과의 소통은 잘 되는 편이다.

3년 전, 한 달 간의 기초 군사훈련을 마치고 원주로 자대배치를 받은 한솔이가 늦은 저녁에 전화를 했다.

"엄마……."

목소리에 울음이 묻어있었다. 걱정스러운 마음에 무슨 일이 있었는지 묻고 싶었지만 나도, 아들도 말을 잇지 못했다. 우리는 한참동안 수화기를 든 채 침묵했다. 하지만 나는 알고 있었다. 견디는 연습을 하는 것이라고. 아들에게 일기 쓰기를 권하며 어렵게 전화를 끊었다. 그리고 2년 후, 무사히 군복무를 마치고 집으로 돌아왔다. 군에서 제대한 아들은 훌쩍 자랐다. 키도 생각도. 철이 들었다고 해야 하나. 어른이 되는 과정의 한 고비를 넘긴 것 같다.

지난 봄, 아들 녀석이 낡은 노트 한 권을 주었다. 군 생활을 하면서 쓴 일기장이었다. 두렵고 긴장됐던 부대의 첫 느낌부터 해저물녘 하루를 마감하는 나팔소리가 얼마나 감동적인지, 사람들과의 관계는 물론 제대 후 자신의 미래에 대한 걱정까지 빼곡히 적어 놓았다. 사실 일기를 써 보라고는 했지만, 일상을 기록하는 일이 어디 쉬운 일인가. 기특했다.

우리는 자신을 돌아보는 데 인색하다. 후회하고 싶지 않아서인지 지나온 시간을 인정하고 싶지 않아서인지는 모르겠다. 하지만 누구나 실수를 하고 후회를 하고 또한 오류를 범하지 않는가. 그래서 나의 스무 살은, 한솔이의 스무 살은 서툴고 부끄럽다.

한솔이는 그 서툴고 부끄러운 스무 살 무렵의 고민을 세상에 내놓기로 했다. 그리고 잠언처럼 엄마의 조언을 덧붙였다. 어른이 되고자 노력하는, 어른이 되어가는 청춘들을 위해.

어른이 되기 위해 고민하고 애쓰는 우리의 모든 자식들을 위해.

2013년 초가을에 엄마 강미애

아들의 말

사실 나와 일기의 인연은 그렇게 깊지 않다. 초등학교 때는 반드시 해야만 하는 숙제로서 일기를 썼고, 중 고등학교 시절에는 학업에 대한 부담 때문에 일기를 비롯한 모든 글 쓰는 행위와 담 쌓고 살았다. 본격적으로 일기를 쓰기 시작한 것은 대학에 입학한 이후다.

대학교에 발을 디딘 날, 나는 대학생으로서 누릴 수 있는 많은 혜택들보다는 앞으로 내게 닥쳐올 수많은 나날들에 대한 걱정이 더 많았다. 마치 아무런 준비도 되지 않은 채, 전쟁터로 내몰려진 기분이랄까. 고등학교를 졸업할 때까지만 해도 나는 아무런 생각을 할 필요가 없었다. 대부분의 고등학생들이 그렇듯, 오로지 좋은 대학교에 진학해야 한다는 한 가지 목표만을 바라보고 살았다. 사고방식부터 생활 패턴에 이르기까지 내 삶의 모든 것들은 그 목표를 위한 것들이었다.

하지만 막상 대학에 입학하고 나니 당혹스러웠다. 분명 행복하고 만족스러운 인생이 펼쳐질 거라 믿어왔지만, 현실은 내 생각과는 너무도 달랐기 때문이다. 고등학교 3년 동안 외면하고 무시했던 고민들과 대학생으로서 처음 겪어보는 감정들이 한꺼번에 쏟아져 내렸다. 강의를 들을 때도, 지하철을 탈 때도, 공부를 할 때도 내 머릿속을 가득 채우는 생각들은 시도 때도 없이 나를 괴롭혔다. 그런 생각들은 계속 나를 불안하게 만들었다. 머릿속에 떠오르는 원치 않는 생각들을 어찌할 줄을 몰라서, 나는 너무 괴로웠다. 스스로 불행하다고 정상이 아니라고 생각하기도 했다.

그러던 어느 날, 문득 일기를 써야겠다는 생각이 들었다. 가방에 늘 작은 수첩을 가지고 다니면서, 어떤 생각이 떠오르거나 알 수 없는 감정들이 밀려 올 때면 그 감정대로 솔직하게 썼다. 때로는 전혀 뜬금없는 생각이 떠오르기도 하고, 설명할 수 없는 감정의 변화를 겪기도 했지만 그런 나의 모습들조차 모두 글로 남겨놓았다. 그렇게 나는 다시 일기를 쓰기 시작했다. 남들처럼 매일 꾸준히 쓰는 일기와는 다르다. 나는 내가 쓰고 싶을 때 일기를 썼다. 그래서 내 일기는 그저 하루를 돌아보고 반성하는 일기와는 조금 다르다. 나를 지독하게 괴롭혔던 고민과 감정을 외면하지 않고 치열하게 주시하면서 만든, 내가 어른이 되려고 노력했다는 증거이다.

치열하게 고민하는 사람만이 만족할 수 있는 삶을 쟁취할 자격이 있다고 생각한다. 그것은 돈으로 해결되는 것이 아니고, 인기로 해결되는 것도 아니며, 나이를 먹는다고 해결되는 것은 더욱 아니다. 부족한 내 글이 누군가에게 '나는 고민하고 생각하며 살고 있는지' 되물어 볼 수 있는 기회가 되었으면 좋겠다.

2013년 초여름에 아들 권한솔

나는 아직 내 마음을 잃고 싶지 않다. 설령 그것이 남들보다 뒤처지는 일이라고 하더라도 절대 포기할 수 없다. 내가 내 마음을 포기하는 순간, 나는 더 이상 내가 아니니까

하루를 사는 일은 자신만의 길을 걸어가는 것이다. 자신의 무게만큼 짐을 메고 자신의 길을 걷는 것이다. 우리에게는 두 가지의 선택권이 있다. 무거운 짐의 무게를 이겨내지 못하고 휘청거리다 넘어지는 것, 아니면 어떻게든 버텨내서 그 짐의 무게마저도 익숙해질 때까지 견디는 것.

나는 내가 가지고 있는 내적인 힘을 믿는다. 어떠한 상황이 내 앞에 놓이더라도 절대 도망치거나 포기하지 않으려고 한다.

삶은 서두를 필요가 없다. 인생을 견뎌내는 일, 삶이라는 이 영원한 싸움을 받아들이는 일, 한심한 사회에 혐오가 밀려오더라도 결코 세상에서 탈출하지 않는 일, 것이 살아남은 자의 의무다. 인생의 참됨은 오직 시련을 겪는데 있다.

삶을 조금 먼발치에서 바라보고 싶다. 진심으로 상대방을 대하고 있는지, 무엇인가 문제가 될 만한 행동은 하지 않았는지, 불성실한 태도로 누군가의 마음을 상하게 하지는 않았는지.

내 안의 수많은 자아가 진정한 나인지, 혹은 그 수많은 자아 덕분에 진실한 내면을 잃고 있는 것은 아닌지 여전히 알 수 없다.

삶이란 무언가 발자국을 남길 수 있다는 데 행복이 숨겨져 있다. 우리는 별똥별과 같은 존재이지만 사람들의 추억 속에 우리의 자취를 남길 수 있어 삶의 의미가 있지 않겠는가.

관심을 갖는다는 것은 일종의 사랑이다. 나 이외의 타인이나 사굴에 대한 인식은 존재의 근원에 대한 관심이기 때문이다. 세상은 너와 나 그리고 우리들이 살아가고 있다. 그러니 나 이외의 존재에 대한 관심을 기울이는 일은 지극히 인간적인 일이다.

진정한 인간일수록 인간에게서 고립된다. 사물을 바라보는 힘을 기르고 평화를 사랑할수록 인간은 고독해진다.

문득 사랑이라는 말을 너무 아꼈다는 생각이 든다. 세상에 존재하는 어떤 단어도 이처럼 언제나 긍정의 의미만을 담지는 못한다. 그래서 사랑은 언어의 형태로 표현할 수 있는 가장 가치 있는 단어다.
우리가 누군가에게 '사랑한다.'고 표현하는 것은 상대에게 있어서 최고의 찬사이다. 단지 '사랑한다.' 한마디만으로 '나는 당신을 믿고 존경하고 있으며, 당신에게 호감을 가지고 당신의 존재만으로도 기쁘다.'라는 의미를 전달할 수 있기 때문이다. 그런데 우리들은 이 긍정의 단어를 쉽게 표현하지 않는다. 왜 '사랑'이란 단어에 인색 한 걸까.

누군가를 사랑한다는 것은 잠재적으로 그 누군가를 인식한다는 뜻이다. 하지만 누군가를 인식한다는 것이 잠재적으로 그 누군가를 사랑한다는 것은 아니다.

나의 일과 남의 일은 어떻게 구분할 수 있을까. 사실 우리는 사회적으로 완전하게 독립된 존재는 아니다. 출근 시간에 어떤 이의 소동으로 지각을 하게 되었다면 그 일은 '남의 일'이 아닌 '나의 일'이 된다.
'남의 일'에 신경 쓰는 일도, '나의 일'에만 열중하는 일도 쉬운 것은 없다.

우리는 스스로에 대해 잘 알고 있다고 생각하지만, 나 자신을 쉽게 복종시킬 수 없다. 바로 이 순간에도 나는 내가 저지른 실수들을 알아채지만 바로잡을 수 없기 때문이다.

친구와 관련된 속담이 있다. '어떤 이의 인물됨을 알고자 한다면 그 주변의 친구들을 살펴라.' 이 속담은 인간관계 때문에 골머리를 앓는 우리들에게 현명한 해법을 제시하고 있다. 가끔 느끼는 부분이지만 처음 만나는 사람과 친분을 쌓을 때면 왠지 모르게 경계하게 된다. 외양은 그럴싸하지만 실제로는 허당인 경우가 많기 때문이다.

친구는 많은 인간관계 중 생각의 교집합이 가장 높다. 놀기 좋아하는 친구가 주변에 많다면, 그 자신도 노는 걸 좋아하는 것이다. 친구를 고를 때 어떤 잣대로 판단할지 고민할 필요는 없다. 우리는 생각하는 것보다 섬세해서 인지할 수조차 없는 미묘한 감정으로 알아챌 수 있으니까.

우정은 그 시작에 착각이 없으며, 자신의 의지와 운명을 친구의 그것과 합일시키려는 생각을 하지 말아야 한다.

삶의 낙이 없다고 말하는 사람을 가끔 만난다. 언제는 우리의 삶이 즐거움으로 가득 찬 적이 있었던가. 모두 우리의 착각이다. 고교시절을 떠올려보자. 수능이 마치 삶의 최종목표인 것처럼 그 시간을 지냈지만 그 속에서도 사소한 행복으로 하루하루를 견디지 않았는가.
조금이라도 편히 숨 쉴 수 있었던 주말의 아침, 환한 햇살의 아침이어서 얼마나 좋았는지. 삶은 언제나 즐겁지 않다. 그저 견디는 일이다.

우리의 삶이란 끊임없이 소멸하고 또 끊임없이 소생한다. 긍정은 또 다른 부정이며, 부정은 다를 곳에선 긍정이다. 삶은 부분적인 죽음이며, 죽음은 어쩌면 영원한 생명을 위한 필수조건일 수도 있다. 그런데 우리 모두는 이 모순되는 가치 앞에서 미치지 않고 삶을 유지하고 있다는 것이다.

간혹 '옛날에 나 잘 나갔던 사람이야.' 하는 사람들을 볼 수 있다. 그런데 그런 말을 하는 분들에게 묻고 싶다. 중요한 것은 지금 아니냐고.
이러한 사람들의 심리는 자신은 우월했던 사람이라고 말하고 싶은 것이다. 자신은 유능했고 성공할 수 있었다고. 하지만 주변 환경 때문에 지금 여기에 있다. 그러니 당신들과 동급으로 취급하지 말아 달라고.
하지만 잠깐의 만족감 때문에 오히려 상대방에 대한 배려 없는 사람으로 보일 수 있다. 지난날의 자아도취는 허상일 뿐이다.

금이 가고 끊어진 악기도 악기일까. 날이 서지 않은 칼이 과연 칼일까. 음조를 알지 못하는 가수가 어떻게 가수가 될 수 있을까. 그런데 우리가 바로 그렇다. 우리가 지금 그렇게 변질되어 가고 있다.

오랜 시간동안 왜 살아가느냐에 대해 고민했다. 다른 사람들의 이야기도 들어보고 삶에 관해 진지한 조언을 해 주는 책도 읽었다. 하지만 명쾌한 해답을 찾을 수는 없었다. 다만 막연하게나마 드는 생각은 내일은 좀 더 나을 것이라는 희망이 있기 때문은 아닐까 하는 것이다. 의미 있는 하루를 보내면 그만큼 내가 원하는 삶에 한 걸음 더 다가가는 일이기에.

사람은 모두 할 일을 타고난다. 우리는 모두 어딘가 쓸모 있게 마련이다. 내 안의 열정을 깨워야 한다.

나는 말이 많은 사람을 좋아하지 않는다. 그리고 늘 말보다 생각을 먼저 하려고 노력하는 편이다. 때로는 나와 다른 성격의 누군가가 미울 때가 있지만 적어도 그를 비난하는 말은 입 밖에 내지 않으려고 애쓴다. 좋지 않은 말이 튀어나오려는 것을 한 번, 두 번 심호흡을 하며 참는다. 그리고 천천히 그 사람의 입장을 생각하고 이해하려고 해 본다.
이러한 나의 시도가 옳은 것인지는 잘 모르겠다. 다만 나를 다듬고 나와 다른 누군가를 나의 기준으로 해석하는 편협한 생각을 최소화하지 않을까해서다.

인간에 대한 분류방법에는 두 가지가 있다. 첫 번째는 공리적인 분류다. 즉 우리 자신과의 관계를 통해 친구라든가 적이라든가 혹은 마음에 들지 않는 인간이라든가 흥미가 없는 인간이라든가 하는 식으로 우리에게 이익을 주는 자, 또는 우리에게 해가 되는 자를 구별하는 것이다. 둘째는 이해관계와 상관없이 그 본질적인 가치와 고유의 장점을 통해 서열을 매기는 방법이다.

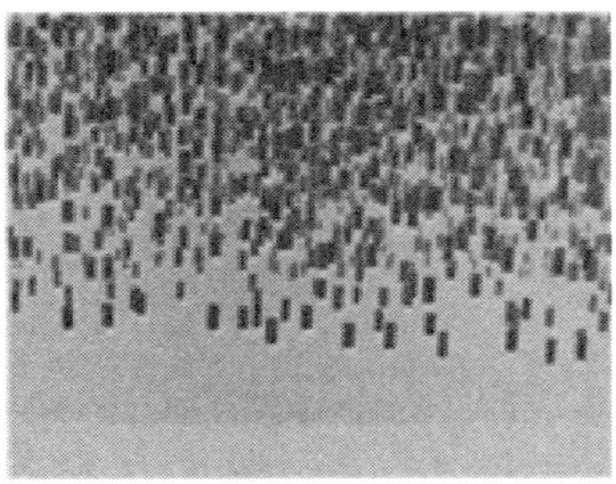

나는 나를 믿는다. 군에 입대하기 전에 한 가지 다짐을 했었다. '지금 나는 내가 원하는 것을 하는 것이다.' 라고. 스스로 나에게 움직일 힘을 부여한 것이다. 나를 나 자신에게 그냥 맡기는 것, 이는 온전히 나를 믿는 것이다. 나의 내면이 원하는 것을 선택함으로써 진실 되고 행복해지리라 생각했다. 주변의 환경에 의해서 결정된 왜곡된 행복이 아닌 오로지 나의 행복을 위해서.

청춘은 동요와 번민으로 가득하다. 그것은 미지의 세계가 들려주는 속삭이는 비밀이다. 상처 입은 청춘만큼 인간에게 진실을 보여주는 삶은 없다.

어렸을 때, 어른들은 노동자를 가리키며 나에게 말했다. '공부 열심히 안 하면 저 사람처럼 된다.'

그렇다면 나에게 공부란 어떤 의미인가? 공부란 삶에 대한 책임이었다. 그래서 자기가 책임져야 할 것을 버리고 시간을 허비한 사람이 그 벌로서 노동을 한다고 생각했다. 그 한마디 속에는 노동자를 패배자로 비하하는 의미가 숨어 있다. 때문에 갑작스럽게 군에서 많은 노동을 하게 되었을 때의 좌절감이란 엄청난 것이었다. 스스로가 너무 하찮고 작게 느껴져 감정적으로 너무 힘들었다.

노동은 나의 육체 모든 것이 존재한다는 것을 직접 체험하게 해 주는 에너지다. 지금은 오히려 일하는 습관이 몸에 배었으면 좋겠다는 생각을 한다. 일하지 않고 마냥 편안한 삶은 지루하다. 어떤 마음으로 일을 하느냐는 결국 각자의 몫이다.

수많은 반성을 터널을 지나온 정신, 그리고 사물의 본성을 꿰뚫어 볼 수 있는 정신이 있다면 그야말로 아름답고 겸손한 사람이라 할 수 있다.

가장 인간적이면서 합리적인 삶을 살기 위한 깊은 고민에 빠진 적이 있다. 이상적인 인간이 되고자하는 욕심 때문일까. 나는 어리석게도 어떤 문제에 직면하더라도 완벽한 해답을 원했다. 하지만 세상은 답 없는 문제투성이라는 사실이다.

세상은 너무 복잡하다.

인간이란 이름에 어울리는 인간이란 자기완성을 지향하는 강력한 의지를 지닌 인간일 것이다.

홀로 여행을 떠나기 시작한 것이 1년 전이다. 그렇다고 해서 처음부터 멀리 떠나는 여행을 계획한 것은 아니었다. 가까운 곳, 인적이 드문 곳 그리고 시간의 흐름이 느껴지는 곳을 찾았다. 그래서 선택한 곳이 '궁'이다.

경복궁, 운현궁, 덕수궁, 비원…….

비가 오는 날 궁을 걸으면, 오래된 나무 냄새와 적막감이 좋았다. 이른 아침, 맑은 날의 선명함은 또 다른 궁의 모습이 볼 수 있었다. 과거의 시간들과 소통하는 시간.

혼자 떠날 때, 나는 행복하다.

행복한 감상을 상자에 담아 누군가에게 나누어 줄 수는 없을까.

이 세상에 태어난 이상, 여건이 허락한다면 아이는 꼭 키워봐야 한다고 생각한다. 나만의 이기적인 사랑은 한계가 있다. 어느 순간 모든 것이 무가치하게 느껴지고 나의 존재 이유를 찾아 방황하게 될 것이다. 하지만 내가 키우고 보살피고 지켜야 할 자녀가 있다면 삶은 흔들리지 않을 것이다. 적어도 나는 그럴 것이다.

사랑하는 자녀에게 행복한 세상을 물려주는 것, 이 세상 모든 부모님들의 마음이지 않을까.

우리에 대한 가치는 어른들이 아이들에게 가르치고 새겨 넣을 수 있는 있는 관념이 아니다. 우리의 가치는 아이들이 우리의 삶을 통해 스스로 결정하고 부여하는 것이다.

중요한 무엇인가를 잊고 있는 기분이다. 마음 속 깊은 곳까지 스며드는 음악을 느끼는 것, 무심하게 하늘을 바라보다가 솟구쳐 오르는 감동에 깊은 한숨을 내쉬는 것. 고요함 속에서 몸이 가라앉는 듯 한 감정이 치밀어 오르는 것. 요즘엔 좀처럼 이런 기분을 느끼지 못하고 있다.

사람은 시시각각 변하는 존재라고 한다. 하지만 현실적으로 변하는 순간 예전과 같은 마음으로 돌아가지는 못할 것 같다. 전에는 쉽게 사색에 잠기곤 했는데, 정신적으로 성숙한다는 것은 조금씩 무뎌진다는 것인지…….

우리 모두는 각자의 환영을 가지고 있다.

우리의 시선은 사물 속에 잠재해 있는 우리 자신의 내면을 바라보고 있다. 따라서 변화는 외부가 아닌 내부에서 일어난다. 우리가 진정 무엇을 변화시키고 싶다면 방문을 열 것이 아니라 먼저 내 마음의 문부터 열어야 한다.

따뜻한 느낌의 백열등이 좋다. 형광등은 너무 환하다. 하얀 빛이 감싸고 있는 나의 방은 그래서 어쩐지 불편하고 불안하다.

네 속에 감정이 꿈틀대는 동요를 소중하게 여겨라. 그것이 너의 인생이며 너의 본성이다.

누구든 후회하기 마련이다. 인생은 언제나 나에게 선택을 강요하고 그렇게 선택한 나의 결정들이 언제나 옳지만은 않았다. 그래서 후회는 또 얼마나 많은가. 하지만 자책하지는 말자. 그것 모두 인간이라는 증거다. 불완전하지만 결국 깨닫는 인간.

어떤 의미에서 신은 인간에게 패배하기를 기다리고 있는지도 모른다. 결국 깨닫게 되는 인간에게.

아무리 힘든 날일지라도 밤은 찾아온다. 그 시간만큼은 누구도 나를 방해할 수 없다. 괴롭고 고된 날은 언제나 있다. 정말 힘들고 포기하고 싶고, 죽고 싶고 희망이 보이지 않더라도 절대 무릎 꿇지 말자.

자신을 너무 학대하지 말자. 네 속의 동요되는 감정대로 움직이되 본능과 의지를 지나치게 믿지 말라.

나를 가슴 아프게 하는 얼굴이 있다. 중년 남성의 얼굴. 무엇인가를 기억하는 표정, 후회하는 것 같기도 하고 무엇인가를 찾는 것 같기도 하다. 우리 아버지들의 얼굴. 너무 미안하고 고맙다.

인생이란 체념하는 것을 배우는 수업과 같다. 우리의 희망, 우리의 힘과 자유를 줄이기 위한 수업이다. 세상의 모든 아버지들은 체념할 줄 안다.

다른 누군가와 좋은 관계가 영원히 지속되리라 믿는 것은 어리석다. 나는 다만 그들과 내가 서로 이해해주는 좋은 관계로 이어지기만을 바랄뿐이다. 작은 다툼, 갈등 속에서도 서로를 향한 인연의 끈만큼은 쉬이 놓지 않았으면 한다.

우리의 영혼 속에 희망이 있느냐, 없느냐에 따라 모든 것이 바뀐다. 삶의 질이란 어떤 목적을 달성하고 싶다는 희망이 전제되었을 때 행복은 배가된다.

인간은 누구나 삶의 의미를 부여한다. 고통, 고뇌로 가득한 세상에서 살아남으려면 어떤 생의 집착이 필요하다. 가족, 일, 무엇이든 의미를 찾아야 한다. 그것이 인생의 첫 번째 숙제이다.

끝을 알 수 없는 인간의 심연에서 영원한 정착을 그리워한다는 것은 생의 아이러니이다.

하루에도 나는 수십 번씩 나와 싸운다. 타협해. 그냥 그렇게 해.

인간적인 관계 맺기에 대해 알고 싶다. 관계에서 가장 중요한 것은 상황에 맞게 능동적으로 대처하는 것이다. 인간은 관성의 영향을 크게 받는지, 한 대상에게 이중성을 보이기 어렵다. 그것조차 잘 극복할 수 있어야 독립적인 인간이 되는 것이다. 불쾌하거나 마음에 안 드는 나의 내면의 목소리에 귀를 기울이자. 그런 점에서 나의 예민함은 그 무엇보다도 믿음직스럽다.

인생이 알아야 할 것만 알자. 전체를 모른다고 할지라도 북극성은 여전히 아름답게 빛나지 않는가.

지금 나의 의식은 지나온 과거를 되돌아보고 있다. 유년시절, 학창시절, 여행, 고통……. 나는 지금 나 자신과 싸우고 있다. 과거의 날들과 싸우고 있다.

인생에 명쾌한 해답은 없다. 그렇다고 그 해답을 찾아내기 위한 여정을 멈출 수는 없다.

인간을 오감을 통해서 세상과 소통한다.

하나의 독립된 존재로 살아가기 위해서는 자아가 필수다. 자기에게 어울리는 옷을 입고 외모를 가꾸고, 운동을 통해서 자신감을 기르는 것 모두 자신감을 찾는 일일 것이다. 자신감 없는 사람은 삶의 희망과 즐거움이 없어 보인다. 그저 하루하루 타성에 젖어 살아갈 뿐.
나는 세상 앞에 당당하게 살아가고 싶다. 인생의 모든 것은 그런 의미여야 하지 않을까.

시간은 우리의 추억이 머무는 공간이다. 우리가 이 공간을 더 이상 지각할 수 없을 때 시간은 멈춰버린다.

글쓰기에는 분명 힘이 있다. 눈으로 볼 수 없고 설명하기도 어렵지만 느낄 수 있다. 마치 바람이 느껴지지만 볼 수는 없는 것과 같다. 글을 씀으로서 나는 많은 마음의 짐을 덜어낼 수 있었다. 온갖 잡념들과 부정적인 생각들, 내 속에서 자라나는 그것들을 털어놓을 수 있는 글쓰기는 제일 마음 넓은 친구다.

일기에 쓴 글들은 내 과거가 걸어왔던 길이다. 이 세상의 순례자로서 자신의 흔적은 남기는 것이다. 삶의 여행수첩이다.

주위 사물을 조금만 더 관심을 가지고 바라본다면 우리는 평소에 간과하고 지나쳤던 것들을 발견할 수 있을 것이다. 살아가는 데 있어서 우리의 삶에 영향을 끼치는 사건들의 대다수는 우리 주변에서 일어난다. 그래서 앞으로 일어날 일을 예측하는 데 있어서 주변 사물과 환경에 대한 예리한 관찰력은 필수적이다. 기억력 또한 날카로운 관찰력 못지않게 중요하다. 관찰한 사실들이 기억 속에 남아 있지 못하고 쉽게 잊혀 진다면 이는 다만 주변 상황에 대해 구경한 것과 다르지 않다. 표현력은 이런 문제점을 지닌 기억력과 근본적으로 연관된 능력이다. 보고 들은 대상에 대한 관찰자의 구체적이고 명확한 표현은 그 대상을 다시 떠올릴 때 대상의 속성에 기초하여 쉽고 명백하게 연관시켜주기 때문이다.

작은 벌레조차 자신의 역사를 만들어가는 존재의 근원을 인정하는 것이야말로 이 세상 속의 나를 인정하는 것과 같은 일이다. 주변을 돌아보며 살자, 세상은 온통 그 누군가의 꿈과 희망과 역사가 만들어지고 있으니 그저 앞만 보고 걸어가지 마라. 삶의 길목마다 이름을 알 수 없는 꽃들이 피어나고 풀들이 이어져 있으니 그 생의 어느 하나도 의미가 없는 것은 없으므로. 나도 그 의미 있는 길을 가고 있으므로.

CENTRAL KIRKEN

습관의 힘은 강하다. 좋은 습관을 가지게 된다면 내 인생은 발전할 것이고 나쁜 습관을 가지게 된다면 그 반대의 길로 빠지게 된다. 잘못된 습관을 벗어나는 것은 정말 어려운 일이다. 나쁜 습관들은 대부분 중독성이 강하기 때문이다.

밤에 일찍 잠자리에 들고 일찍 일어나는 것은 사소한 일처럼 느껴지지만 실은 매우 힘든 일이다. 대학생 대부분이 새벽 늦은 시간이 되어서야 지쳐서 잠자리에 든다는 사실을 안다면 우리는 바른 습관을 갖는 게 얼마나 힘든 일인지 알게 될 것이다.

나는 습관의 노예다. 습관이 하나의 형태로 내 안에서 나타난다. 습관은 내 정신에 경계를 긋고, 화석화시킨다.

사람은 지구상에서 유일하게 말을 할 수 있는 존재다. 언어는 인간이 지구를 지배하는데 큰 힘이 되었다. 그런데 이러한 말이 여러 가지 문제의 원인이 되기도 한다. 남에게 상처 주는 말, 비하하거나 폄훼하는 말 등 너무나 아무렇지도 않게 사용하고 있다. 남의 기분을 상하게 할 권리가 내겐 없다.

지식의 해박함을 내세우는 전문가보다 겸손한 교양인이 더 아름답다. 전문가는 그 분야를 제외하고는 쓸 데가 없다.

사랑하는 사람의 이름을 더 많이 불러줘야겠다.

그녀 혹은 그 남자가 듣고 싶은 말은 단지 '너 이기 때문에 '사랑한다.'는 그 말 한마디다.

제대 후 복학한 첫 학기는 정말 불안하고 긴장되는 순간의 연속이었다. 잠시라도 긴장의 끈을 놓았다가는 나의 정신이 그대로 무너져 내려서 모든 걸 포기할 것만 같은 기분이었다. 몇 시간씩 같은 자리에 앉아서 똑같은 글자를 보고 있으면 내가 여기서 무엇을 하고 있는 것인가 하는 의문이 들었다. 그래도 한 학기를 견뎌보자 다짐하며 자신을 다독였다.

어느새 중간고사 기간이다.

학기의 절반이다. 나는 해낼 수 있다

시간의 흐름이 느껴라. '때'란 부산한 날갯짓이 아니라 기류에 몸을 맡기는 활공에 가깝다.

새로운 일주일의 시작이다. 언제나 그렇듯이 새로운 시작은 두렵고 막막하다. 어느 순간부터 월요일이 오는 게 두려움으로 다가오기 시작했다. 누구나 그런 기억이 있을 것이다. 내가 일주일을 견뎌낼 수 있을까. 최선을 다해서 살 수 있을까.

나는 지금, 일요일 늦은 밤 일기를 쓰고 있다.

스스로 나의 모습을 바라볼 수 없는 까닭은 자신의 내면과 적당한 거리를 유지할 수 없기 때문이다. 그런 점에서 일기쓰기는 자신을 바라보는 유일한 방법일지 모른다.

이른 새벽, 눈을 뜨자마자 누군가에게 기도했다. '오늘 아침에 눈을 뜰 수 있게 해주셔서 감사합니다.' 라고.
현실에 만족하지 못하는 삶은 불행하다. 매일 아침 일어날 때와 잠들기 전, 사소한 일이라도 마음속으로 감사 기도를 하기로 마음먹었다. 조금 더 내 삶에 대해 겸손한 마음가짐을 가지려는 것이다. 철부지의 모습을 버리는 일이 쉽지는 않다.

산다는 것은 원래의 자신을 변화시키는 일이다. 매일같이 새로움을 맛본다. 즉 어제를 살았던 내가 아침을 맞이하면 나는 다시 원점으로 되돌아가는 것이다.

집에 돌아오는 길에 화분을 하나 샀다. 고등학교 3학년 때에도 화분을 키웠었다. 한참 마음이 심란하고 종잡을 수가 없을 때, 선생님께서 추천해주신 방법이다. 많았을 때는 나를 제외하고도 10명 정도가 교실에서 화분을 길렀다. 물론 그 중에 절반은 금세 죽고 말았지만 나머지 절반은 수능을 치루고 나서도 건강하게 살아있었다.

나도 수능이 끝나기 전까지는 화분에 엄청난 관심을 쏟았던 걸로 기억한다. 햇살이 따스한 날에는 햇볕을 쬐라고 창가에 올려놓기도 하고, 비가 내리는 날엔 비를 맞게 해주려고 밖에 내놓기도 했다. 대부분의 친구들은 화분 가꾸기가 시간 낭비라고 생각했다. 수능 공부하기도 벅찬데 다른 데에 신경 쓸 여력이 없다는 눈치였다. 그런데 신기했던 점은 오히려 그 반대였다. 화분을 키우다보니 마음이 한결 홀가분해졌다. 때때로 공부가 잘 안될 때는 화분을 책상에 놓고 물끄러미 바라보기도 했는데, 그럴 때마다 다시 마음이 편해지면서 책을 볼 수 있었다.

지금도 내 옆에 화분이 있다.

다른 대상을 꾸준히 사랑하는 방법도 살아가면서 꼭 배워야할 부분인 것 같다.

최근 며칠 동안 마음이 복잡하고 혼란스러워 무척 힘들었다. 무슨 까닭이 었는지는 모르겠으나, 강한 심적 동요가 일었다. 평상시 같았으면 바닥을 찍고 다시 상승 할 텐데 그렇지 않았다. 무슨 일인지 다시 좋아질 기미가 보이지 않았고 한없이 하락할 뿐이었다.
나는 감정의 기복이 심하다. 자고 일어나면, 아무 생각이 들지 않는다. 완전한 중심에서 새로운 삶이 시작된다. 어쩌면 나는 하루에도 몇 번씩 인생을 잠시 내려놓고 다시 새로 시작하고 있는 지도 모르겠다.

나는 운명을 믿는다. 내게 주어진 이 세계는 영혼의 신비를 향해 열려진 창이다. 내 의식의 감수성 따윈 짚푸른 수평선 너머로 던져버리고, 무섭게 달려드는 시간들은 저 망각의 호수를 건너게 하자.

종교를 갖는다는 건 좋은 일이다. 삶에 대해서 감사하게 되었고 내가 가지지 못한 것에 대해 생각하지 않으며 내가 당장 해야 할 일을 명확히 알게 되었다. 바라볼 수 있는 세상이 조금씩 넓어짐을 느끼는 중이다.

세상이 아름답다고 말하는 것을 바라보지 말고 너의 마음에 드는 것을 가장 아름답게 생각해라.

때때로, 끝을 알 수 없는 외로움 속에 빠질 때가 있다. 이는 마치 수렁 같아서, 벗어나려고 발버둥 칠수록 점점 더 깊이 빠져든다. 이 늪에서 빠져나갈 유일한 방법은 그저 몸을 내맡기는 것이다. 아무 것도 하지 않은 채 시간이 지나가기를 기다린다. 시간이 흐르면, 언제 그랬냐는 듯 다시 생기가 돌아온다. 최근 그 주기가 다시 짧아졌다. 두렵다.

심연이란 사람을 두려움 속에 몰아넣는 악당임에도 불구하고 우리의 유일한 피난처로서 사람을 매혹한다.

‘고개를 숙일 수는 있어도 부러지지 않는다.’ 너무나 마음에 와 닿는 말이다. 나는 수없이 고개를 숙여왔다. 하지만, 언제나 부러지지 않고 제자리로 돌아왔다. 지금 돌이켜보면, 놀라울 따름이다. 그 모든 시간들 속에서 나의 나약함을 적나라하게 볼 수 있었고 나의 무능함을 뼈저리게 느꼈다. 하지만 그런 시간들을 겪으면서, 나에 대한 자만을 조금씩 덜어냈다. 편견을 내려놓고, 고집을 버리고, 마음을 비우려고 애썼다.

모든 것의 시작과 끝은 '나'다. 내 인생에서는 무엇이든 내가 중심이다. 아직도 갈 길이 너무 멀다. 또 다시, 한 걸음을 내딛는다.

나는 모든 변화를 인식하고 있다. ‘나’라는 존재의 모든 조각과 ‘나’라는 흐름이 내비치는 물방울들과 내가 가진 유일한 힘을 동원해 할 걸음씩 나아가고 있는 것이다.

나의 가장 큰 적은 내 안의 적이다. 평생 같이 살 수 밖에 없고 싸워야 한다. 이는 내가 죽기 전까진 끝나지 않을 투쟁이다.

누군가를 사랑한다는 건 어떤 것일까. 나는 아직 많이 겪어보지 못한 탓에 사랑이라는 게 단지 이성 간의 사랑으로밖에 느껴지지 않는다. 하지만 이 사실은 알고 있다. 첫 만남에서 느끼는 설렘과 떨림은 한순간에 사라져 버린다는 것을. 그래서 사람이 사람을 사랑하기 위해서는 노력이 필요하지 않을까 생각한다. 사람의 감정은 언제나 한결같지 않으니까 말이다.

사랑은 반성을 허락하지 않는다. 반성은 곧 파국이고, 회의는 결국 이별이기 때문이다.

사람의 인생은 중년의 시기가 되면, 그 삶을 가늠할 수 있는 것 같다. 같은 중년의 시기를 살고 있으면서도 누구는 여전히 젊고 치열하게 사는 반면, 다른 이는 무기력하게 살아간다.

우리 모두는 나이 먹어가는 것을 한탄한다. 비록 나의 몸은 시간의 흐름에 따라서 닳고 변하겠지만 나의 정신과 의지는 언제든지 내 안에 머무른다. 나는 죽을 때까지 죽고 싶지 않다. 사람은 죽음을 인지하지 못한다. 죽음과 동시에 의식이 사라지기 때문이다. 즉, 완전한 죽음 전까지는 늘 살아있는, 언제나 같은 상태에 놓여있다. 그게 인생의 본질이고, 선이라고 나는 굳게 믿고 있다.

나를 통해 나를 발견하는 것이 우리가 짊어져야 할 숙명이다.

나는 주관이 없이 흔들리는 사람이 되고 싶지 않다. 내 삶에 있어서는 내가 가장 잘 알고 있으니 나 스스로 프로여야 한다. 나의 자존감과 가치를 증명하기 위해, 살아 있다는 것을 느끼기 위해서 최선을 다하는 삶이어야 한다. 다시금 마음을 비우고, 내가 해야 할 것들을 시작한다.

나의 철학은 바로 나 자신이다. 내가 누릴 수 있는 사고 역시 나 자신뿐이다. 나를 통해 나를 발견하는 것이 우리가 짊어져야 할 숙명이다.

우월 의식에 젖어 있는 사람은 앞으로 나아갈 수 없다. 적당한 자신감은 내 삶의 원동력이며 이유로서 가치가 있지만, 오만함은 내 안에 숨어있는 독과 같다. 서서히 내 마음을 중독 시키고 마지막에는 내가 중독됐는지조차 모른 채 죽고 만다. 내가 가장 경계해야할 것 중 하나가 바로 오만함이다.

세상 일들이 내 뜻대로 이루어지고, 근심거리가 없을 때, 사람은 태생적으로 그렇게 타고난 것인지, 한순간에 나태해진다. 어른이건 아이건 할 것 없이 눈앞에 놓인 작은 성취가 인생의 승리라도 되는 양 정신을 못 차린다. 하지만 지금 내가 무언가에 취해서 시간을 흘려 보낼만한 나이이며 위치에 있을까. 난 무능하고 무기력하고 수동적인 도련님이 되고 싶지 않다. 그건 정말이지 한심한 일이다.

인간이 스스로를 규정짓는 것은 어리석은 일이다.

상대방을 마음속으로부터 우러나오는 존경심으로 대하는 건 쉽지 않다. 나조차도 때때로 나의 의지와는 상관없이, 가식적인 태도로 상대방을 대하곤 한다. 하지만 이를 반드시 부정적으로 바라볼 필요는 없는 듯하다.

예의와 예절은 나름의 가치가 있다. 무엇이 좋고 나쁜지를 판단하는 건 전적으로 나에게 달려있으므로, 모든 책임은 나의 몫이다. 냉소적으로 바라본다면, 이는 지극히 위선적이고 거짓된 삶이다. 하지만 삶에 대한 태도가 인생을 바꾼다는 말이 있듯, 우리의 의지는 삶을 바꿀만한 힘을 가지고 있다. 바른 길로 가고자 애쓰는 이는 어느새 내가 과정의 일부가 되어있음을 깨닫는다. 이와 같은 논리가 인간관계에서도 똑같이 적용된다고 생각한다. 의식적으로 상대방에게 호의적이고, 공감하는 태도를 보여주면 어느새 진심으로 상대방에게 마음을 열게 될 것이다. 이는 가면이나 거짓이라기보다는 도리어 노력이라고 말하고 싶다.

한계는 하나 이상의 선이라는 점을 명심해야 한다.

왜 열심히 그리고 바쁘게 살아야 하는가.
그것은 나에게 주어진 운명이다.

학문을 한다고 인간이 완벽해지지 않는다. 학문은 인간을 추상물로 만든다. 먼저 느끼는 법을 배워야 한다. 살아봐야 하는 것이다. 분석만 하려고 해서는 안 된다. 연구하기 전에 경험하도록 하자.

세상은 너무도 모질다. 나약하고 불안한 나의 눈으로 보았을 때, 너무도 혹독하기만 하다. 지금의 내 마음속은 괴로운 문제와 시련들로 가득하다. 하지만 언제나 흔들리고 갈라지는 나의 감정을 한 줄기로 단단하게 묶어 보고자 수없이 노력했다.

두려워하면 안 된다. 눈앞의 너무나도 거대한 벽이 가로막고 있다 하더라도, 좌절해선 안 된다. 그것은 결코 옳은 선택이 아니다. 발버둥치고, 분노하고, 슬퍼해야 한다. 문제를 바르게 바라봐야 한다. 그에 맞서서 당당히 행해야 한다. 그리고 나의 길은 명백해야한다.

우리를 노예로 만드는 것은 무질서다. 어제의 무질서는 내일의 자유를 미리 써 버리는 것과 같다.

마음을 비우자. 머릿속에서 떠오르는 그림과 귓가에 맴도는 소리를 견딜 수 없다. 나는 생각하고 싶지 않은데, 계속 떠오른다. 혼란스럽고 어수선한 상태로는 잠조차 편히 이룰 수가 없다. 사람들이 종종 간과하는 병이 있다. 이는 보이지도 않고, 진단하기도 어려워 많은 이들이 이 병을 간직한 채 살아간다. 하지만 이 병은 정말 치명적이라서 마치 종양처럼, 서서히 한 사람의 인생을 불행 속으로 몰아넣는다. 마음의 병, 생각의 병은 그 어떠한 병보다도 치명적이다. 몸이 건강해야함은 모두가 알지만, 생각이 건강해야 함은 왜 간과하는가. 마음을 비우고 아무런 생각을 하지 않는 시간이 필요하다. 다시금 새로운 생각, 건강한 생각을 위해 머리를 비워야한다. 아무런 생각도 하지 말자. 아무것도 떠올리지 말고 기억하지 말자. 나에게는 지금 고요함이 절실하게 필요하다.

우리가 간직하고 있는 것은 저 아이올로스(그리스 신화에 등장하는 바람의 지배자)와 하프, 진심도 아니고 무의식도 아닌 아르페지오(화음의 각 음을 동시에 연주하는 것이 아니라 연속적으로 차례로 연주하는 것)의 감정이다.

고독은 피할 수 없는 운명과도 같다. 아무리 피하려 애쓰고 도망치려해도 결국 내 앞에 돌아와 있다. 마치 나의 존재 자체가 고독의 근원이라도 되는 듯, 언제나 나와 함께한다. 나는 살아있기 때문에, 존재하기 때문에, 혼자여야만하는 시간을 겪는다. 그렇다면 나는 결코 이 외로움으로부터 도망칠 수 없다. 도망칠 수 없다면 내가 먼저 깊은 뿌리를 박고 듬직하게 서야한다. 한솔, 내 이름처럼, 나는 홀로 서있어도 흔들리지 않고 한결같아야 한다. 과연 나는 내 삶이 한 그루의 소나무 같았다고 말할 수 있을까.

인간은 자신의 삶에 희극과 비극이 공존한다는 것을 선천적으로 알고 있다. 이것이 삶의 비애다.

봉사활동을 통해서 정말 느낀 점이 많다. 우리는 경쟁하면서 살아야만 한다. 재화는 정해져 있고 모두가 그것들을 가질 수 없다. 결국 우리는 모두 어디에서는 승자이기도 하지만 다른 곳에서는 패자이기도 하다. 항상 승리만 하는 사람은 존재할 수가 없는 것이다. 그런 의미에서 봉사활동은 나를 통해 다른 이를 돕는, 나를 낮춤으로서 다른 사람을 섬기는 일이라 할 수 있다. 이는 그저 봉사활동을 통해 이루어지는 어떤 업무가 갖는 의미를 훨씬 뛰어넘는 것이다. 이 활동을 통해 내가 그리 대단치 않은 평범한 사람에 지나지 않는다는 사실을 다시 한 번 되새기고, 그를 통해 겸손해질 수 있었다. 앞으로도 꾸준히 봉사활동을 해나갈 생각이다. 봉사는 계속돼야 할 자기수양이다.

나에 대한 시선을 거두는 순간, 나와 똑같은 영혼의 타인이 보이기 시작했고 그들에게 필요한 사람이 될 수 있다는 희망이 다시 내 안에서 싹트게 했다.

나에겐 나의 길이 있다. 너에게도 너의 길이 있듯, 이는 누구도 막을 수 없는 길이다. 그 길에서 수없이 많은 사람을 만나고 또 헤어지지만 내가 갈 길은 하나뿐이다. 다른 길을 생각조차 해본 적이 없고, 생각하고 싶지도 않다. 수동적이고 무의미하다고 욕할지언정 나에게 이 이상으로 완벽한 길은 없다. 나의 길을 가자. 그저 묵묵히…….

내 안의 감춰두었던 우물들을 목마른 사람을 위해 내놓을 수 있다는 희생의 욕구가 어둠에 잠겨 있던 내 영혼은 다시 밝히고 있다.

익숙했던 것들이 사라진다. 익숙한 의자, 책상, 시간, 학생들, 교수님 그리고 생각들까지. 꽤나 길게 느껴졌던 시간들도. 내 인생에서 진정 그런 시간들이 존재했었는가 싶기도 하다. 마치 생생히 기억나는 선명한 꿈같다.
세상에 영원한 순간 혹은 영원한 만남은 없다. 무엇이든지 사라지고 희미해진다. 특히 헤어짐은 인생에서의 피할 수 없는 운명과도 같아서 이별하는 법을 알아야한다. 나도 지금까지 수도 없이 이별했지만, 여전히 마지막 순간에는 주저하게 된다. 어차피 끝날 것이라면, 헤어질 수밖에 없다면, 아쉽더라도 거기에 미련을 두어선 안 된다. 허무함을 뼈저리게 느끼는 순간들이다.

남들 시선 의식하지 말고 하고 싶은 데로 살자. 사람은 누구나 자신의 길이 있다. 나는 나 하고 싶은 데로 나의 길을 가면 된다. 자신을 속이지는 말자. 그건 정말 비겁한 짓이다.

나는 행복하게 살고 싶다. 하지만, 여전히 방법을 찾지 못했다. 어떻게 살면 행복할 수 있을까. 이 세상에 완전한 행복이라는 것이 존재하기는 할까. 정답은 없는 것 같다. 그저 순간순간마다 마음이 시키는 대로 나아가는 수밖에 없는가보다. 나는 너무 약하고, 운명을 뒤집을 용기도 없다.

최근에 시간의 흐름을 잊고 살았다. 그런데, 일기장을 펴보니 어느새 2주라는 시간이 흘러있다. 이래서 일기를 꾸준히 쓰라고 하는가 보다. 시간의 흐름을 제 눈으로 확인하고 그 덧없음을 몸소 느낄 수 있으니까.
세상으로 나가는 걸 어렵게 생각하지 말자. 여태껏 살아온 23년 동안 나는 정말 잘 해왔다. 나 자신을 믿고 세상에 주눅 들지 말자.

세상에서 가장 행복한 사람은 자신만의 노래를 부르는 사람이다.

인생을 대하는 태도가 달라졌다. 똑같은 사물을 보아도 더 깊이 마음에 남는다. 같은 사람을 만나도 훨씬 마음이 간다. 내가 이 사실을 일찍 알았더라면, 더 의미 있는 시간을 보내지 않았을까 생각한다. 사실 지금도 그리 늦지 않았다. 모든 것의 기준은 내가 정하는 거니까, 지금부터라도 시작하자. 몸도 마음도 무척 단단해진 기분이다.
얼마 전까지만 해도 느껴지던 그 감정들이 느껴지지 않는다. 하늘이 산산이 부서지는 기분, 그리고 그 형상이 자꾸만 눈앞에 선명하게 펼쳐졌다. 뒤틀린 무의식이 한 걸음 내 삶에서 뒤로 물러간 듯하다. 이건 시험이다. 인생을 건 시험과 마주하고 있는 것이다. 나는 지난 반년보다도 더 성장하고 싶다. 더 크고 푸르고 듬직한, 뿌리가 깊은 소나무가 되고 싶다.

그 커다란 그늘 밑에서 누군가 편히 쉴 수 있다면, 그것 또한 큰 행복이 아닐까.

식당에는 저녁 식사를 해결하려는 학생들로 붐볐다. 주문을 하고 번호표를 받아서 1층에서 기다렸다. 그때 1층 구석에서 홀로 식사를 하고 있는 사람이 눈에 띄었다. 여름 양복에 가방을 품에 안고 있는 40대 중반의 아저씨였다. 평상시 같았으면 그냥 무심히 지나갔을 텐데 한참동안 내 시선을 붙잡았다.

고등학교 때까지만 해도, 밖에서 혼자 밥을 먹는다는 건 상상도 못할 일이었다. 언제나 친구들과 함께 밥을 먹었기 때문에 혼자서 식사를 해결한다는 건 있을 수 없는 일이었다. 대학에 진학하자, 수업 시간이 맞질 않아서 혼자 식사해야하는 경우가 많아졌다. 새내기 때는 그게 너무도 어색하고 불편해서 점심을 거른 적이 대부분이었다. 혼자서 밥을 먹는다는 게 왠지 낯설었고 탐탁지 않았다. 군대를 제대하고 복학을 한 지금은 수시로 혼자서 식사를 해결하곤 한다. 혼자서 식사를 한다는 건, 사회로 나아갈 준비가 됨을 의미하는 건 아닐까 싶다. 수없이 많은 사람들과 마주치고 인사하지만 정작 함께 밥을 먹을 사람은 없는 경우도 많다. 사회적 관계와는 상관없이 혼자서 그런 외로움을 감당해야할 순간들도 있기 마련이다. 혼자 패스트푸드점에서 식사하는 그 분을 보면서 문득 아버지 생각이 났다.

아버지도 나와 비슷한 생각을 하시면서 사회에 첫발을 내딛으셨을 것이다. 나도 더 이상 어리광은 안 피우려고 한다. 한 사람의 어른이 되고 싶다.

나는 내가 하고 싶은 일을 하면서 가고 싶은 길을 걷고 있는가? 이 질문에 대한 답으로 흔쾌히 '예'라고 말하기란 쉽지 않다. 거의 대부분의 사람들은 자신이 원하는 것보다는 세상이 원하는 것을 택하기 때문이다. 나도 마찬가지이다. 내가 원하는 게 무엇인지도 모르는 채, 세상의 기대에 부응하기 위해 사는 것일지도 모른다.

이 길을 걷는 나는 과연 만족하고 있는가? 후회 없는 선택이었는가? 너무나 많은 의문들이 머릿속에서 지워지지 않는다. 지금 그 해답을 얻을 수도 없다. 모든 것은 시간이 흐르고 나면 자연스레 알게 될 것이다. '너는 가치 없는 인생을 살았어.'라는 말보다 두려운 게 또 있을까. 인생에 회의감을 느낀다는 건 무서운 일이다.

인간은 존재함으로써 존재하지 않고, 늘 유동적인 상태로 머물기 때문에 내부의 모순에 사로잡힐 수밖에 없다. 이처럼 규정할 수 없는 이중성이야말로 인간의 참모습이다.

좋아하는 사람이 생겼다. 그런데 나는 다른 사람들과는 사랑하는 법이 조금 다르다. 언젠가 친구가 나에게 물었다. "너는 그 사람의 어디가 그렇게 좋은데?" 그 질문을 받았을 때, 나는 대답을 할 수 없었다. 그 사람의 어디가 좋았다기보다는 그 사람이 좋았다. 그 사람의 모든 시간, 사연 그리고 기억들로 이루어진 그 자체가 좋았다. 언제나 그래왔고 이번에도 마찬가지이다. 키, 몸매, 얼굴, 학벌, 재산. 이러한 것들은 그저 그 사락을 나타내는 일부분일 뿐이다.

'왜 사랑하게 되었느냐 하면' 하고 주석을 달려는 순간부터 사랑의 진실한 감정은 사라지고 평가와 측정만 연인 사이를 배회한다.

사람은 저마다의 짐을 지고 살아간다. 각자의 몫을 감당하기조차 벅차다. 그래서 인생의 가장 기초적인 덕목은 이 짐을 다른 사람에게 대신 지우는 행위를 하지 않는 것이다. 거기서 조금 더 나아간다면 내가 다른 이의 짐을 잠깐 들어주는 것이다.
이러한 인격에 도달하기 위해서는 엄청난 노력과 인내가 필요하다. 평생의 수양과 공부가 요구된다. 그만큼 남을 돕는다는 건 주제 넘는 짓이고 또한 정말 멋진 일이다.

계속 무언가에 기대려고 하지 말고 내 두 다리로 서 있으려고 노력하자. 내가 의지할 수 있는 사람이 되려고 노력하는 게 더 현실적이다.

사람이 성장하면서 피부가 점점 두꺼워지는 건, 그 기억의 두께가 성장하기 때문이다. 나에게도 나만이 가지고 있는 기억들이 있다. 그 누구에게도 털어놓지 않은, 털어놓고 싶지 않은 과거의 잔상들을 가지고 있다. 그 때의 그 두려움은 지금 생각해도 아찔하다. 과연 내가 제정신일까. 나는 나에게 주어진 이 인생을 온전히 살다가 죽을 수 있을까. 나의 연약한 정신은 군생활 당시에 가장 극심하게 요동쳤고, 그 시절은 나의 가장 예민하면서도 치열했던 고뇌의 시간이었다.

겉으로는 드러내지 않았지만, 안으로는 시시각각 삶과 죽음이 교차하는 아비규환이었다. 하루에도 수십 번씩 삶을 포기하고 싶었고, 살아있다는 환희에 기뻐했다. 그런 나를 바라보는 나 스스로도 너무 무서웠다. 내가 나를 통제할 수 없었다. 여기에 분명 생각하고 있는 내가 있는데, 뜻대로 되지 않았다. 그렇게 전쟁과도 같았던 2년의 시간이 흘렀고, 나는 다시 집으로 돌아왔다.

지금 와서 돌이켜보면, 그 때의 슬픔과 좌절, 불안과 두려움은 어른이 되기 위한 성장통이었다. 지금도 나는 내가 어른이라고 생각하지 않지만, 항상 그렇듯 모든 과정에는 가장 힘든 순간이 존재한다. 격정과도 같은 사랑이 지나면 온전히 머무는 사랑이 기다리고 있듯이, 괴로운 고뇌의 순간이 지나면 조금 더 성장한 나를 볼 수 있다. 생사를 오가며 싸웠던 그 순간들이 나에게는 너무 귀중하다.

과거의 나에게 고맙다는 말을 해주고 싶다. 분명 그것은 나의 인생을 살아가는 자양분이 될 것이다. 권한솔이라는 사람의 나무를 심을 수 있는 토양이며, 비바람이 몰아쳐도 견딜 수 있게 하는 뿌리의 근원이다. 그 든든한 토대 위에 나의 나무는 점점 자라고 있다. 오늘밤 꿈속에서는 과거의 나를 찾아가야겠다. 낯설지만 익숙한 그 곳에서 나를 만나고 싶다. 그리고 말해주고 싶다. 너는 내 삶의 은인이라고.

나의 정신은 무수한 영상들이 숨겨져 있는 액자다

사람은 살다보면 점점 감정이 메말라 간다고 한다. 삶에 치여서, 해야 할 일들에 쫓기다보니 다른 사람과 감정적으로 공유할 시간도 없고 여유도 없다. 그게 지금의 내 모습은 아닐까. 요즘 들어서 부쩍 무신경해졌다. 딱히 기쁘지도 않고 슬프거나 외롭지도 않다. 최근의 어떤 일을 계기로 약간은 의식적으로 마음을 닫았다. 인간에게 주어진 지성과 감성을 조화롭게 사용해야 행복하게 살 수 있다고 하지만 그건 어디까지나 격언일 뿐이다. 그렇게 모두 쉽게 해낼 수 있다면, 세상에 불행한 사람이 어디 있겠는가.
감정은 다루기 힘들다. 힘든 정도가 아니라 너무 강렬하고 치명적이어서, 한 순간에 이성을 마비시킨다. 그 결과, 일상에 지장을 주고 어느 순간에는 휘몰아치는 세상 속에서 표류하고 있는 나를 발견하게 된다. 솔직한 감정으로는 이 고된 삶을 견뎌낼 수 없지 않는가. 세상 앞에서 완전하게 솔직해질 수 없다. 함부로 속내를 터놓을 수도 없다. 세상은 가혹하고 나는 나약하기 때문이다.

나 같은 사람이 사는 법은 두 가지가 있다. 첫째, 세상과의 문을 걸어 잠그고 완전히 고립되어 살아가는 방법. 둘째, 세상으로 나갈 때에 가면을 쓰고, 가면을 통해 세상과 조우하는 방법. 그렇다고 해서 사람들에게 거짓말을 한다거나 이용하겠다는 생각은 없다. 그저 나의 감정을 더 깊숙이 감추어야겠다는 필요성을 느꼈을 뿐이다. 나는 세상을 배신할 생각이 없지만 세상은 언제라도 틈을 보이면, 나를 덮쳐올 거라는 걸 알기 때문이다. 애석한 일이지만, 나의 기분에 맞춰서 나를 진심으로 달래줄 사람은 세상에 아무도 없다. 내 나이 23살에, 언제까지고 부모님께 응석을 부리고 투정부릴 수도 없는 노릇이다. 이제부터라도 조금씩 연습을 해야겠다. 세상과 나 사이에서 위태롭게 외줄을 타는 연습을.

우리는 모두 환영을 가지고 있다. 우리의 시선을 사물 속에 잠재해 있는 우리 자신의 내면을 바라보고 있다.

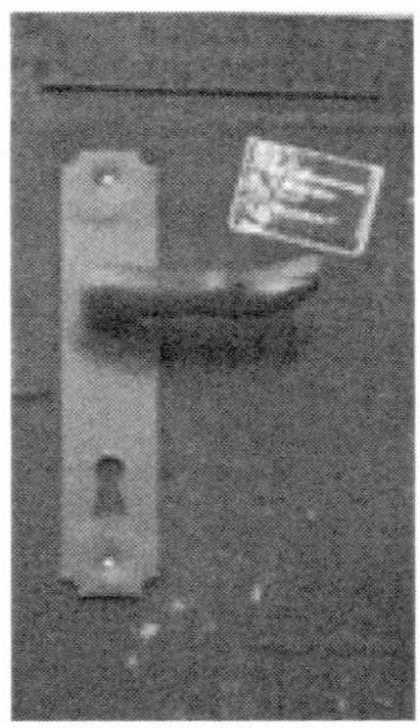

인생이란, 한 번도 걸어본 적도, 들어본 적도 없는 길을 홀로 걷는 것과 같다고. 걸어가면 갈수록 점점 더 낯선 풍경만 보이고, 점점 더 힘들어지고, 점점 더 외로워진다고. 그리고 그 길을 혼자서 끝까지 걸어가지도 못하는 놈은 인간 구실도 못하는 놈이라고.

이등변삼각형은 누구나 알고 있다. 양변의 길이가 같고, 밑변이 바닥을 받치고 있는 모양이다. 그 도형을 가만히 바라보고 있다가 생각에 빠졌다. 왼쪽 아래의 점과 오른쪽 아래의 점이 서서히 움직인다. 똑같은 길이의 선분을 따라서 한 점을 향해 빗면을 올라간다. 점점 거리가 가까워지면, 나는 불안함을 느끼고 또 체념한다. 언젠가 저 두 점은 충돌할 수밖에 없는 운명이다. 그 사실을 머리로 알고 있지만, 달리 갈 데가 없다. 그저 서로 부딪히기만 기다리며 점차 가까워진다. 세상에는 결코 양립할 수 없는 것들이 있다.

한 쪽을 버리던가, 아니면 한 쪽을 소홀히 하는 수밖에

나는 무엇을 바라보고 살아가고 있을까. 나를 움직이게 만드는 동기는 무엇이고 그건 내 선택일까. 나는 착한 아이, 조용한 아이로서 살아왔다. 세상과 나는 직접 부딪히는 일이 없었고, 나도 관심이 없었다. 대학에 진학한 뒤, 세상을 마주하고 보니, 내가 할 수 있는 것, 가질 수 있는 것이 너무 많았다. 그게 문제였다. 어떤 것이 나를 위한 것인지 알 수가 없었다. 그저 옆 사람이 하는 걸 보면, 왠지 따라하고 싶다가도 이게 아닌데 하면서 내려놓기 일쑤였다. 선택의 기로에 서 본 경험이 없었기에 겪을 수밖에 없었던 고뇌였다. 어떤 옷을 입을지, 누구를 만날지, 어떤 취미를 가지며, 어떤 것을 즐기며 살지 완전히 백지상태에서 시작하는 것과 같았다. 시간이 흘러갈수록 점점 그림은 뚜렷해지고 있다. 고등학생 시절까지 미뤄뒀던 온갖 세상과의 숙제를 늦게나마 하나씩 풀어가고 있는 중이다.

나를 필요로 했던 사람들은 누구일까. 나는 어디에 쓸모가 있었을까. 불필요한 삶. 오직 無.

사랑은 언제나 쌍방향이 아닌 한쪽 방향일 수밖에 없나. 서로가 사랑하더라도 그 상대적인 차이는 존재할 수밖에 없을까? 이전에 어느 유명한 철학자가 말하길, "사람이 사랑을 하면 반드시 둘 중 하나가 더 사랑할 수밖에 없다." 이 때, 서로가 느끼는 감정의 차이가 크면 클수록, 그 만남은 불안한 관계임에 틀림없다. 그런데, 내 주변을 돌아보면 그런 관계에 놓여있는 커플도 적지 않다. 정말 마음에서부터 샘솟는 감정 때문이 아니라, 필요에 의해서 만남을 가지는 경우가 더 많은 것 같다. 그렇게라도 만남을 시작하는 게 옳은 걸까? 가끔은 이런 생각이 든다. 어쩌면 이 세상은 내가 알고 있는 것보다도 훨씬 더 가식적이고 이중적일 지도 모른다고. 나는 아직도 잘 모르겠다. 내 생각을 지키기 위해서 계속 홀로 길을 걸어가야 할지, 아니면 세상의 눈높이에 맞춰서 모든 것을 판단해야 할 지. 너무 혼란스럽다.

진정한 사랑은 마음을 견고하게 하며, 생활을 활성화시킨다. 사랑받는 자가 거짓된 스핑크스여서는 곤란하다. 인생은 투명한 다이아몬드처럼 모든 것을 여과시킬 수 있어야 한다.

외상 후 장애와 반대되는 개념으로 외상 후 성장이라는 용어가 있다. 인간이 꽤 치명적인 정신적 상처를 입은 후, 정신적으로 보다 강해지는 현상을 뜻한다. 지금의 나는 어떨까? 이유 없이 불안하고 긴장되던 증상이 이제는 거의 없어졌다. 이따금씩 느껴지던 끝없는 공허함과 괴로운 느낌도 거의 느껴지지 않는다.

나는 내가 이제야 침착해지는 법을 조금은 알게 되었다고 생각한다. 어떤 감정이 몰아치기 전에는 반드시 그에 맞는 암시를 주기 마련이다. 그 상태를 예민하게 느껴서 나의 하루 일과를 유동성 있게 조절하고 있다.

그래서 최근에는 큰 틀을 만들어놓고 그 안에서 사는 방법을 연습하는 중이다. 내가 감당할 수 있는 만큼의 세상을 접하는 것. 이게 분수에 맞는 삶, 그릇에 맞는 삶이란 게 아닐까. 사람은 누구나 자기만의 세계가 있다. 그리고 그 세계의 크기는 본인만이 느낄 수 있다.

우리의 삶은 마치 끝을 알 수 없는 심연에서 시작된 것 같다.

늦은 밤, 마음이 향하는 데로 천천히 그리고 신중하게 일기를 쓴다. 이 기록들은 훗날 내 삶의 흔적들이 될 소중한 작업이다. 그 어떤 업적보다도 내 삶을 가장 진솔하게 담고 있기 때문이다. 나를 움직이는 동기는 무엇일까? 성공? 야망? 이상의 추구? 그 무엇도 아니다. 바로 '불안'이다. 요즘 들어서 자꾸만 이런 생각이 든다.

내가 가진 것들은 영원하지 않다. 그렇다면 지금 내가 누리고 있는 것들도 마찬가지로 언젠가는 사라질 지도 모른다. 낙오될지 모른다는 두려움, 도태될지 모른다는 두려움. 치열한 경쟁의 소용돌이 속에서 믿을 건 결국 나 스스로 뿐이다. 냉혹한 세상은 길에서 사람이 죽어가도 전혀 신경 쓰지 않고, 타인의 고통에 공감하는 법을 완전히 잊어버렸다. 동정심에 호소하고, 하소연을 늘어놓는 건 아무런 득이 없다. 낙오된다는 것, 그것은 내가 살고 있는 이곳에서는 죽음과 같다.

사회적인 죽음 그리고 내 자신의 죽음. 그 공백은 결코 메울 수가 없고, 돌이킬 수도 없다. 나는 성공하길 바라지 않는다. 다만 실패하는 게 두렵다. 남들보다 못하게 될까봐 두렵다. 나만 뒤쳐지고 무능해지고 가치 없는 인간이 되버릴까봐 두렵다. 그 공포 앞에서 나는 오늘도 뒤돌아 도망간다. 도저히 집에서 머무를 수 없다.

인간과 자신과의 회의, 이것은 의무를 잊게 하고 신을 저버리게 만들며 생존을 불가능하게 만든다.

나는 또 다시 누군가를 진심으로 사랑할 수 있을까. 누군가를 진심으로 사랑한다는 것은 그녀를 남이 아닌 나와 같은 존재로 느끼는 것이다. 그건 내가 의도하지 않더라도, 의식하지 않더라도 자연스럽게 내 마음에 자리 잡는다. 실제로 그녀는 나와는 다른 타인이기 때문에, 나에게 상처를 줄 수도 있고, 기쁨도 줄 수 있다. 하지만, 내가 누군가를 마음에 품고 있을 때는 온갖 경계의 마음이 어김없이 사라진다. 마치 상처받기를 기다리는 사람처럼. 그래서 나는 언제부턴가 고민했다. 나의 사랑법은 틀렸을까. 내가 꿈꾸는 사랑은 현실에는 존재할 수 없을까. 다시 한 번, 누군가를 마음 속 깊이 간직하고 싶다. 물론 그 결과가 또 다른 아픔이 될 수도 있지만, 나는 분명 내 방식을 이해해주는 상대가 있으리라 믿는다. 그래서 나는 늘 준비해왔고 지금도 노력하고 있다. 모든 것은 기회와 준비가 극적으로 마주하는 순간 이루어지기 때문이다.

누구나 삶을 향한 준비가 되어 있다는 것은 대단한 일이다.

내 안의 수많은 자아가 진정한 나인지, 혹은 그 수많은 자아 덕분에 진실한 내면을 잃고 있는지 여전히 알 수가 없다.

마음을 들여다보는 일은 어려운 일이다.